Chemin 2 plumes

Paris le 31 juillet 23

Isabelle Triaureau
&
Patricia Vazquez

Pour James,
Merci de découvrir la poésie française et merci de votre intérêt pour la culture française
Amitiés
Isabelle Triaureau

Chemin 2 plumes
Recueil

Seul la poésie est un chemin d'espérance. Merci à nos lecteurs sans qui ce recueil n'existerait pas. Pat

Avril 2022

LE LYS BLEU
ÉDITIONS

© Lys Bleu Éditions – Isabelle Triaureau & Patricia Vazquez

ISBN : 979-10-377-5178-2

Le code de la propriété intellectuelle n'autorisant aux termes des paragraphes 2 et 3 de l'article L.122-5, d'une part, que les copies ou reproductions strictement réservées à l'usage privé du copiste et non destinées à une utilisation collective et, d'autre part, sous réserve du nom de l'auteur et de la source, que les analyses et les courtes citations justifiées par le caractère critique, polémique, pédagogique, scientifique ou d'information, toute représentation ou reproduction intégrale ou partielle, faite sans le consentement de l'auteur ou de ses ayants droit ou ayants cause, est illicite (article L.122-4). Cette représentation ou reproduction, par quelque procédé que ce soit, constituerait donc une contrefaçon sanctionnée par les articles L.335-2 et suivants du Code de la propriété intellectuelle.

Notes des auteures

Fin janvier 2020, j'ai décidé d'abandonner, pour un temps, mes chers alexandrins et m'essayer à un nouvel exercice poétique : le quatrain octosyllabe.

Au fil de l'écriture, mon amie Patricia a lu ces courts poèmes avec une attention bienveillante et très vite, elle a elle-même composé des quatrains en réponse ou faisant naturellement suite aux miens. Ainsi suivant mon inspiration, nous avons cheminé ensemble sur différents thèmes, l'écriture bien entendu, l'amour, la mort, les anges, les déchirures, les chats et la nature. Nous avons en quelques mois dépassé la centaine de quatrains écrits. Il nous a semblé évident de composer un recueil de ces échanges poétiques et de partager ce chemin parcouru, qui fut fort agréable. Je tiens à la remercier chaleureusement de ces temps de complicité intense.

Isabelle Triaureau

Fan de la première heure des textes et poèmes de mon amie Isabelle, c'est à la lecture de ses quatrains octosyllabiques que je me suis lancée dans la rédaction de réponses intuitives, m'essayant à cet exercice difficile, mais ô combien amusant et enrichissant. Nos deux écritures, bien que très différentes, se sont accordées autour de thèmes divers et variés et c'est tout naturellement que notre composition littéraire à quatre mains a pris corps ! Travailler avec Isabelle fut un plaisir de tous les jours, son talent, sa finesse d'écriture m'ont demandé de me surpasser, d'écrire plus léger, plus profond, plus intense, bref, un peu comme est la vie…

Patricia Vazquez

En déroulant le papier blanc
Papier de soie, léger et fin
Mon crayon noir attend tremblant
Que l'écriture arrive enfin.

Ma main est lourde en attendant
Que s'ouvre en moi l'inspiration,
Le souffle du mot est latent
Mon cœur se met au diapason.

Dans le feu vif de l'écriture,
De l'accent lié à la voyelle,
Prends ton envol sans fioriture,
Relis les mots en parallèle.

Les mots sortiront de la cage,
Comme l'oiseau de liberté,
Car nul ne retient en otage
L'écrit d'un cœur prêt à voler.

L'encre a versé sur le papier
Tachant mes mains d'un noir profond
Et le buvard à recopier
Comme un plagiat que l'on confond.

Mais une fois l'encre séchée,
L'écrit n'est pas tant limité,
Car le buvard l'a absorbé
À l'envers du bout de papier.

Je suis encrée dans la virgule
Entre deux mots, entre deux rives
Dans le courant le ciel circule
Comme un reflet à la dérive.

Je n'ai mis que des suspensions
Devant tous les mots interdits,
Ils vont et viennent à leurs envies,
L'encre est souvent en perdition.

En déchirant tous mes écrits
Laissant ainsi mon cœur meurtri
Le vent hurlant a retranscrit
Mes vers élus en symétrie.

Et c'est la pluie qui effaça
L'encre rougie du sang des mots,
Nul n'a besoin d'avoir en soi
Le souvenir des mauvais mots.

Mes mots écrits sont silencieux,
Ils entrent là et en plein cœur,
Ils se blottissent étant soucieux
D'y déposer de la douceur.

Baignant dans l'écrin de douceur
Qui m'envahit de tout côté,
Ma plume raille l'encrier,
Dansant ses mots avec bonheur.

Loin de ma main, toi l'instrument
Encrant mes vers, tu as sombré
Dans l'abandon en consumant
Ton flux moiré, tant célébré.

Plume d'argent ne meurt jamais
Si tu es prompte à lui donner
L'essence même de ton trait,
Prolongement d'être parfait.

Oublie le flot des mots rimés,
Ils ne sont plus écrits pour toi,
Leur destin court vers l'imprimé
Où ils vivront un juste envoi.

Ton absence avait ma raison,
Et j'écrivais pour soulager
Ma douleur et mes illusions.
L'encre ponctuera le passé.

Le trait écrit au noir de chine
Tatoue ta peau aux reflets d'or
Ces mots le long de ton échine
Chante l'amour et ses trésors.

J'aurais aimé qu'il ne finisse,
Qu'il aille au bout de ton abysse
Pour m'entrainer dans tes secrets
En m'abreuvant enfin d'un trait.

Tu es venue toi l'écriture
Me rechercher là où je suis,
Pour effacer la déchirure
Et revenir aux jours enfouis.

Les cris de nos maux sur papier
Sont à eux seuls le bon remède
Comme pleurer sur l'oreiller
Annoncera son intermède.

Plier la page et le stylo
Pour ralentir le flux des eaux
De la nausée que mon brulot
Dosé si fort ardant ma peau.

Prendre la pause et respirer
A la fenêtre au champ de blé
Se rafraichir d'une eau glacée
Et repartir rasséréner.

Je veux t'encrer les mains de bleu,
Un bleu de ciel, en transparence,
Dans la prière en doux aveux
Signifiant la fin de l'errance.

Ainsi levées pour seule offrande,
Le cœur purifié de blasphèmes
Ils lui envoient à ta demande,
L'Ange Oublieux de ton baptême.

Se reconnaitre aux cœurs des roses
Comme un miroir au teint parfait
Citer des vers et de la prose
Et se flatter de leurs bienfaits.

Ou bien peut-être au cœur des cœurs
Comme siamois, frères de sang
S'apprivoiser au tout bonheur
Et puis s'encrer tout simplement.

L'envol des mots non censurés
Vécu au soir comme un abus,
Sera demain tant assuré
Qu'il s'entendra comme un obus.

Il faudrait que l'on se muraille
Pour qu'ils ne puissent pénétrer
À l'intérieur faire batailles !
Qui donc pourrait tout supporter ?

Le trait encré au noir de chine
Trace les mots sans interdit,
Le parchemin courbe l'échine
Lesté du poids de l'inédit.

Perdu au fond comme un aveu,
La ligne pare de ses vœux
Ses ombres posées à nos yeux
Nous laissant tomber amoureux.

Mais ne déchirez pas vos lettres !
Au jour, écrivez vos amours
En vérité, sans rien n'omettre
Que le cœur rime avec toujours.

Non, ne déchirez pas vos lettres !
La nuit dessinez les contours
Des sentiments qui vont renaitre
Et la vérité fera jour !

Une ombre bleue sur un corps nu
Guide un regard teinté de gris
Vers l'horizon discontinu
D'un autre soi comme un abri.

Ton souffle chaud à mon oreille
Comme un murmure passionnel
Réveille mes sens alanguis
Instants d'extase au Paradis !

Corps allongés, enchevêtrés
Pour une nuit d'après-midi
Où le désir est orchestré
À inventer des mélodies.

En chef d'orchestre de ma main
Frôlant ta peau du sol au dos
Mes doigts s'accordent à ton tempo
Un adagio plutôt coquin.

L'envie au jour renaît déjà,
Elle a dormi au creux des reins.
Dans la chaleur, elle assiégea
Son cœur battant entre ses seins.

Et de savoir l'autre à venir
Comme un regain aux souvenirs
Le corps se charge d'émotions
Lui faisant perdre la raison.

Nous avons ouï tout ce silence,
Il a pesé d'un poids léger
Sur nos matins sans turbulence
Où nos pensées ont voyagé.

Dans nos cœurs comme par magie
Seul est le bruit de notre amour
L'aube pointant nous fait la cour,
Laissant nos corps à sa merci.

L'heure est passée sur mon dos nu,
Comme un cadran nommé solaire
En imprimant en continu
Un frôlement très pendulaire.

La sensation interrompue
De ce tictac inattendu
A mis mon corps en suspension
Et mes pensées en déraison.

Reste aujourd'hui pour le soleil
Et pour la pluie dans mon sillage
Reste demain dans mon sommeil
Pour un doux rêve en coloriage.

Reste toujours pour le meilleur
D'être nous deux, cœur contre cœur,
Reste à jamais ma destinée,
Ensemble pour l'éternité.

Je t'ai ouverte au souffle tiède
Après-midi et jusqu'au soir,
Tes hauts battants font l'intermède
Entre deux lieux sans balançoire.

Les deux persiennes se retiennent,
Comme mon souffle silencieux
Le clair-obscur nous fait l'aveu
De notre entre deux amoureux.

Je sens ton heure au creux des reins
Et tes baisers rythment mon pouls
Frappant mon sein comme un burin
Qui étincelle à chaque coup.

Ton souffle ardent prend son envol
En explosant à petits cris
C'est ton plaisir épanoui
Qui m'étourdie et me rend folle.

Saisir l'orage et défaillir
Sentir son pouls mêlé au mien
Comme un écho qui fait jaillir
Le doux plaisir créant le lien.

À bout de souffle et de pression
Le temps se fait plus menaçant
Le vent se tait, l'air est pesant
Frissons d'amour et d'émotions.

Ma bouche a bu des mots osés
Dans la chaleur d'un vent d'orage
Où les éclairs ont composé
Un tout nouveau piquant breuvage.

Mon corps a cru à ce mirage
A la faveur de son nectar
Mais ce n'était que fiels et dards
Un malamort sans arrimage.

Etoile-moi en corps céleste
Au ciel bleuté de fin du jour
Détourne-moi du vent funeste
Qui fait battre tous mes ajours.

Que je ne sois plus que poussières,
Ce que tu vois à contre-jour
Et qui dans un rai de lumière
Te reverra tout mon amour.

Tu es l'envol de la clepsydre
Et dans tes mains s'est tant brisée
A libéré l'éternel hydre
Du temps jadis qu'il a grisé.

La liberté d'un jour nouveau jour
Emplie ton cœur d'amour, de joie
Les maux du mal et leurs vautours
Restent enfermés sans autre choix.

Réveille-toi au jour trop tôt
Douze aiguillons blessent ma peau
Encrant mes plaies au vibrato
De ta voix chaude et ses happeaux.

Les mélodies au creux des vagues
Ne sont que rages et désespoirs
Et cachent bien les coups de dague !
Restons fidèles à nos vouloirs.

Le havre inouï de ton visage
Si détaché de ses mémoires
Calmé du feu des lourds présages
En purifiant tes nimbes noirs.

La paix s'accorde à tous les âges
À condition de lui sourire,
Elle a le plus doux des rivages
Où l'on ne peut que s'endormir.

Elle fut mon ange et mon démon
Dans le silence et l'abandon
Sa particule en vrai Valmont
A crucifié mon Cupidon.

Mais Cupidon est à l'amour
Ce que Valmont est à la haine
Le tout premier vivra toujours
Quand le second meurt de sa peine.

Laissons les temps emplis de haine,
La mort viendra les effacer
Dans les tombeaux des vies anciennes,
D'un geste lent et compassé.

Faisons revenir les beaux jours
L'amour viendra tout compenser
Dans les jardins, dans les faubourgs
D'un souffle chaud et passionné.

Ton ombre est là, précise et fine
Je l'entrevoie à contrejour
Un double toi que je confine
Et emprisonne à double tour.

Illusion ou réalité ?
Je la ressens les yeux fermés
Mue d'un désir de prisonnier
À l'abandon de son geôlier.

Écartons-nous des chemins courts,
Prenons le temps de la clepsydre
Et qui égrène en long discours,
Faisant l'écho du chant de l'hydre.

Courir vers un nouvel amour
Jusqu'à ce que la mort s'en suive,
Faire fi du temps et de ses jours,
L'éternité est impulsive.

Encore un pas vers un jour nu,
Et chaque fois, la main tremblante
Garde l'aiguille au pôle élu,
Centre anobli des lois vibrantes.

Un pas de plus, mais jamais moins,
Car tout passé peut revenir
L'avidité d'un avenir !
N'ayons pas peur d'un vrai destin.

Au point zéro tu reviendras
Me dit l'aiguille où elle me pique
Ton corps brûlant se souviendra
De ses remous, de ses répliques.

Et au final tu partiras
Sans un regard par devers moi
Laissant mon corps à son trépas
Et la bobinette cherra.

Nous traversions les herbes folles
Les mains ouvertes à la caresse
Du flux divin qui sans boussole
Nous entrainait dans l'allégresse.

Était-ce le jardin d'Eden
Qui sent si bon la marjolaine ?
Ton souffle tiède m'envahit
Ange oublieux du Paradis.

J'ai entendu le « non » des anges
En un appel, j'ai soudain su
Qu'ils me guidaient de leurs louanges
Vers un ailleurs et une issue.

Ne restons sourd à leurs requêtes
La bienveillance est leur surnom
Marchons vers eux, bille en tête
Comme des vainqueurs de renom.

Fleurer tes ailes, anges précieux,
Sentir leur brise à mon épaule,
Qu'elle entre en moi, don délicieux
Pour un voyage entre les pôles.

Était-ce mon imaginaire
Qui m'éveille de ma torpeur ?
Mon corps est en apesanteur
Vibrant des feux de l'univers.

Le trou béant n'avait de fin
De nous hanter au jour mourant
Dans l'agonie du séraphin
Nos yeux rougis s'offraient pleurant.

Mais la lumière du très Haut
Jaillissant d'un sein de velours
Inonda l'Ange de son jour
Et l'amour sortit du caveau.

Échappons-nous au chant des voix
Des chérubins et angelots,
Suivons leur vol créant l'envoi
Vers le divin et son halo.

L'éclat d'amour des séraphins,
Anges élus ou bien vertus,
Chœurs du très Haut aux joies sans fin,
N'ayons plus peur d'un absolu.

L'œil du fanal sur le rocher
Attends le vent et ses sanglots,
Larmes de mer(e) tant accrochées
Aux souvenirs des angelots.

Un marin plonge au fond de l'eau
Pour délivrer son vague à l'âme,
La mer(e) a brisé tous ses os
Sans un remord, ni même un blâme.

À l'horizon cerné de noir
L'orage est là rendant houleuses
Les eaux profondes en entonnoir
Où l'on se noie l'âme oublieuse.

La vie nous pousse à la bataille
Contre les vents et les marées,
La mer brise les gouvernails
Nous laissant tous désemparés.

Suivre le fil de la suture
Entre deux bords écartelés
Ne pas céder à la rupture
Venant sans fin nous harceler.

Toujours à vif prêt à craquer
Ne voir qu'un horizon bouché
Mais tenir notre volonté
Hors de ces eaux commanditées.

« Parle de moi », elle voulait,
À répéter les mêmes mots,
Toujours pour moi, elle épelait
Tout son désir pianissimo.

A jamais cessons les discours !
Tous les recours, les interdits,
Les mots d'amour dits en sursis
Qui nous enchaînent sans secours.

Il pleut ici et sur ma peau,
Je sens tes mots creuser en moi,
Un fort dégout au lourd tempo
Dont les à-coups blessent l'émoi.

Un jour la source se taira,
Aucune peine ne viendra
Meurtrir mon cœur même une fois.
Promis, je ne serais que joie !

Et si demain mes volets bleus
Aux deux vantaux battaient, mal clos,
Ailes brisées au vent houleux
D'un désespoir aux lourds sanglots.

Le mal du jour a son train-train
Qu'il est urgent de satisfaire
En se faisant toujours du bien.
Avec des si on part en guerre !

Tu m'as brisée au fil du cœur,
En désaxant l'alignement
De mon échine où ta rancœur
Coule sans fin malignement.

Le temps efface à bon escient
Les déchirures et malheurs
Ton cœur qui saigne à l'intérieur
Sera plus fort pour le bonheur.

Pose ta vie sur ma blessure,
Elle est à vif, rouge du sang
Des faux serments de l'imposture
Et des aveux non innocents.

Regarde-moi bien dans les yeux
Tu y verras l'incandescence
D'un cœur qu'on a coupé en deux
Mais qui rêve de renaissance.

Demain, j'irai cracher mes mots
Au vent mauvais, au ciel d'hiver
Avec violence et tous les maux
Pour libérer tous mes travers.

Puis j'enfouirai le mot colère
Celle qui n'est pas conseillère
De mes nuits noires sans sommeil,
Avec l'espoir d'un beau soleil.

La plaie creusée au sel marin,
Souffrait au jour intense et cru
Son cœur battait le tambourin
En rythme sourd, toujours accru.

Mais quand la lune évanescente
Darde d'argent son ciel de nuit,
Son battement se fait moins dense
Et sa douleur se radoucie.

Des nuits blasées de lourds échos,
Des coups portés, des coups en feu
Vont résonnant en sons vocaux,
Empoissonnant le double je.

L'écho de tous nos désespoirs
Nous font douter des lendemains,
Comme nos chagrins nous font croire
Que nous sommes que des pantins.

Les mots rayés d'un trait de main
Mènent les cœurs au bord des lèvres,
L'eau du dégoût prend le chemin
D'une affection, donnant la fièvre.

Puis les relire au beau matin
Quand le sommeil a fait son œuvre
Nous montre un tout autre destin
Qu'un bout de papier à l'épreuve !

L'eau a coulé à la fontaine
Comme le sable au sablier
Moi les mains nues, l'âme lointaine
À l'horizon, veux m'écrier.

Dieu que c'est bon et quelle fraicheur !
Cette eau de là, remplie mon cœur,
Calmant la soif de mes douleurs,
La vie promet d'être sans peur.

Vois sur mes lèvres un goût de pluie
Qui sur mon front, lave l'ennui
D'un ciel trop gris ou plus de bruit
Ne sonnera, seul dans la nuit.

Sens-tu l'odeur de mon effroi
Qui sur mon corps goutte parfois
C'est le parfum du désarroi
Celui qui s'accroche au pourquoi.

Mais pourquoi devrait-on se taire ?
Tous les mots sont faits pour se dire…
Ne jamais rester solitaire
S'abandonner et ressentir.

Taire, c'est aussi se le dire…
Que le silence salvateur
Plutôt que des mots de menteurs
Qui enterrent sans avenir.

Entend ce bruit couleur d'azur
Il bat en moi à la vitesse
De la lumière et se mesure
En unités nommées tristesse.

Écoute donc le son des fleurs
Offrant leurs pétales au Soleil
C'est la chanson qui émerveille
Chassant la tristesse du cœur.

Tête de chat dans ma main gauche
Pattes griffues contre ma cuisse
Ronronnement comme une ébauche
De gros câlins entre complices.

Ton corps lové est si tranquille
Que je ne peux bouger un cil
J'admire ta façon d'aimer
Ton ventre à l'air, pattes levées.

Mon chat mais quels sont tes soupirs ?
Une expression d'un vrai bien-être
Où le souffle d'un repentir
J'y vois plutôt un baromètre.

À moins que tu ne sois un sphinx ?
Être divin parmi les hommes
Pour protéger notre génome !
Voilà pourquoi tes yeux de Lynx !

Vois mon greffier la musaraigne
Qui deviendra bientôt ta proie,
Il faudra bien que tu l'astreignes
D'un geste sûr et de sang-froid.

Mais ne viens pas me la donner
Comme cadeau de ton exploit,
Malgré l'amour que j'ai pour toi
Je ne pourrais pas l'accepter.

Hoquet de chat, ventre en secousses,
Poils vaporeux et frissonnants,
Tu m'interroges, te trémousses
Tout contre moi en ronronnant.

Ma main se pose sur ta patte
Que tu étires lentement
Geste accompli très « chavament »
Monsieur est un aristocrate.

D'un coup de bec à mon carreau
L'oisillon noir, plume en bataille
Avait envie d'un toit nouveau
Y revenir comme au bercail.

Mais sitôt dans mon nid douillet,
Il s'en allait en roucoulade
Pour retrouver sa bien-aimée.
L'amour est une mascarade.

Au matin bleu devenir arbre
Les bras levés, branches multiples
Un tronc planté, ô candélabre
Un cœur battant indestructible.

Et en plein soleil de midi
Pointant mes tiges vers l'éden
Comme une oraison à la vie,
Ma grandeur sera souveraine.

La pluie effane avec égard
Les verts fanés, les parfums nus,
Force l'émoi et nous égare
En nous jetant dans l'inconnu.

L'instant d'après, sa fraiche ondée
Sourit aux rayons du soleil,
Illuminant de sa rosée
Le chemin rempli de merveilles.

Dans le feuillage et la ramure
De mes vaisseaux où fluent le sang,
Un vent porta le vil cyanure
De l'imposture et ses versants.

Et de mes yeux couleur de mer
Coulent les eaux de ma jeunesse
Un vague à l'âme au goût amer
Brise mon cœur avec tristesse.

Ces fins nuages d'un blanc nacré
Sont transpercés par les rayons
D'un soleil nu, astre sacré,
Qui les dissout en longs sillons.

Comme saupoudrées dans le ciel
Ces stries d'amour et de douceur,
Me donne envie d'un essentiel
Pour aller chercher le bonheur.

L'éther se tait au soir tombant
Offrant un goût de chair tarie
Et le respir se vit plombant
Le sein heurté des avaries.

Mais à midi, zénith frappant
Nous voilà tous ragaillardis
Par ses rayons vifs et brulants
L'astral se teint d'amour rosi.

Un soleil blanc touche les toits
La ville est claire et audacieuse,
Le vent susurre un air courtois
À l'âme aimante et silencieuse.

La nuit au clair d'un fenestron
Un pigeon semblait endormi,
Un bruit de pas qui s'évanouit
La ville se veut caméléon.

Ouvre ta main, délie ses lignes
Laisse échapper ta destinée,
Ne retiens rien qui ne soit digne
De ce cadeau qui t'es donné.

Rappelle-toi que de ses paumes
Son sang versé nous a sauvé,
Nous libérant de nos péchés.
Louons sa vie et son royaume.

Le jour nouveau entre impoli
Par la lucarne au toit posée
Sans se soucier du pur délit
Commis cent fois sans s'excuser.

La clarté ne s'excuse pas
En nous éveillant à la vie
Parfois la nuit sue le trépas
Annonçant le sens interdit.

Les berceaux riment avec tombeaux
Que les vaisseaux portent à la mer
Lors des adieux, mères aux landaus
Regardent au loin vers ces chimères.

Et même si la mer emporte
Marins, maris et leurs bateaux
Le sang coulant des angelots
Est de l'espoir dans chaque port.

Comprendrons-nous le poids du jour
Toujours changeant et sans rebours ?
Nous parcourons tous ses détours
Bons ou mauvais suivant son cours.

Il faut sentir la vie en soi
Ce frisson fort et si fragile
Qui nous émeut à chaque fois,
L'homme n'est pas si infantile.

Imprimé en France
Achevé d'imprimer en mars 2022
Dépôt légal : janvier 2022

Pour

Le Lys Bleu Éditions
40, rue du Louvre
75001 Paris